Aldidente mini

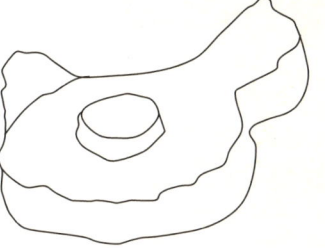

Aldidente mini

Die 55 besten Rezepte
Braten und Fleischgerichte

Zusammengestellt von Karin Kühne

Eichborn.

Die Rezepte gelten – wenn nicht anders angegeben – für vier Personen.

Die Zutaten für die Rezepte sind in der Regel bei ALDI erhältlich. Manche Artikel gibt es dort jedoch nur saisonal oder regional, gelegentlich auch unter abweichenden Markennamen. Ausgefallenere Zutaten bekommt man manchmal nur auf dem Markt, in Feinkostgeschäften oder „gehobeneren" Lebensmittelläden.

1 2 3 4 05 04 03

© Eichborn AG, Frankfurt am Main, Juli 2003
Umschlagillustration: Uschi Heusel
Lektorat: Judith Schneider
Satz und Layout: Christiane Hahn
Druck und Bindung: Fuldaer Verlagsagentur, Fulda
ISBN 3-8218-4854-5

Verlagsverzeichnis schickt gern:
Eichborn Verlag, Kaiserstr. 66, 60329 Frankfurt
www.eichborn.de

Inhaltsverzeichnis

Wissenswertes über Schnitzel & Co.

Schwein

1. Wiener Schnitzel
2. Überbackene Champignonschnitzel
3. Schweineschnitzel mit Backpflaumen
4. Kasseler Koteletts
5. Schweinemedaillons in Traubensauce
6. Überbackene Medaillons auf Tomate
7. Schweinefilet in Rahmsauce
8. Geschmortes Schweinefleisch mit Gemüse
9. Schweinepfeffer
10. Szegediner Gulasch
11. Eisbein mit Sauerkraut
12. Schweinebraten
13. Kasseler Braten in der Kruste
14. Rosmarinbraten
15. Gefüllter Schweinebraten
16. Kräuter-Senf-Braten

Hackfleisch

17. Frikadellen
18. Königsberger Klopse
19. Kohlrouladen
20. Gefüllte Paprikaschoten
21. Hackbraten „Falscher Hase"
22. Hackbraten mit Schafskäsefüllung

Kalb

23. Cordon bleu
24. Kalbsschnitzel mit Salbei (Saltimbocca alla romana)
25. Kalbsschnitzel in Estragonsauce
26. Leber „Berliner Art"
27. Kalbsfrikassee mit Krabben
28. Kalbsfilet in Zitronensauce
29. Geschmorte Kalbshaxe (Osso bucco)

Rind

30. Kleine Steaks mit Möhrchen
31. Rumpsteak à la Bordelaise
32. Entrecote mit Pfifferlingen
33. Bœuff Stroganoff

34. Zwiebelgulasch mit Paprika
35. Rouladen
36. Tafelspitz
37. Rinderschmorbraten
38. Sauerbraten
39. Roastbeef
40. Rinderbraten im Schinkenmantel (Bœuf à la mode)

Lamm

41. Lammkoteletts mediterranés
42. Stielkoteletts vom Lamm mit Tomaten
43. Lammgeschnetzeltes mit Zitronenmelisse
44. Mariniertes Lammragout
45. Gespickte Lammkeule aus dem Ofen
46. Lammhaxen im Kräutermantel
47. Lammkeule in Kräutermarinade

Wild

48. Kaninchenkeulen in Apfelsauce
49. Kaninchen mit Wein und Nüssen
50. Rehfilet mit Pfifferlingen
51. Rehkeule in Rotwein
52. Hirschsteaks in Orangensauce
53. Hirschgulasch mit Pilzen
54. Wildschweinkoteletts
55. Wildschweinkeule

Wissenswertes über Schnitzel & Co.
... und was man beachten sollte

Hackfleisch

Jeder kennt sie, jeder liebt sie: die Hackbällchen, auch Frikadellen, Buletten oder Fleischpflanzerln genannt. Aus Schweine- oder Rinderhack lassen sich aber auch Rouladen, Braten und leckere andere Gerichte zaubern. Vom feinsten Rindfleisch ist das Schabemett (Tatar) mit einem sehr geringen Fettanteil. Vielfach verwendet wird jedoch gemischtes Hackfleisch, das je zur Hälfte aus Schweine- bzw. Rindfleisch besteht und einen Fettanteil von nicht mehr als ca. 30% enthalten sollte.
Vorsicht: Hackfleisch verdirbt leicht und sollte daher nur ganz frisch verarbeitet bzw. gleich eingefroren werden!

Kurz gebratenes Fleisch

Wie der Name schon sagt: Kurz Gebratenes geht schnell. Das heißt aber auch, dass alles gut vorbereitet sein will, die Gewürze in Reichweite und die Zwiebeln gehackt... Das Fleisch sollte gewaschen und gut trocken getupft werden, damit sich beim Anbraten die Poren sofort verschließen. Alle Stücke werden dann in sehr heißem Fett von allen Seiten kurz und kräftig angebraten, um anschließend bei kleinerer Hitze noch etwas gar zu ziehen.
Achtung: Je dünner die Fleischscheiben, desto kürzer die Bratzeit. Je nach Geschmack darf ein Steak dabei innen blutig, rosa oder ganz durchgebraten sein.

Schmorfleisch

Ob Ragouts oder Braten – gut durchwachsene Stücke bleiben beim Schmoren am saftigsten. Für fast alle Schmorgerichte gilt: Erst wird das Fleisch von allen Seiten kräftig angebraten, dann darf es, nach Angießen von Wasser, Brühe oder Wein, bei kleiner Hitze eine lange Zeit schmoren. Denn je länger es schmort, desto zarter wird das Fleisch. Nur das Roastbeef sollte auf die Minute genau zubereitet werden, damit es innen die richtige Rosafärbung bekommt. Nuss, Ober- oder Unterschale, also die besten Stücke aus der Keule von Schwein, Kalb oder Rind, eignen sich hervorragend für Schmorgerichte. Günstiger sind Teile aus Schulter, Blatt oder Bug. Aber auch der Schweinenacken ergibt einen saftigen Braten.

Lassen Sie es sich schmecken und vergessen Sie nicht: Ein guter Braten wird gerechnet zu den guten Taten!

1. *Wiener Schnitzel*

- 4 dünne Schweineschnitzel
- Salz, Pfeffer
- 4-5 EL Mehl
- 1 Ei
- 1-2 EL Milch
- 1 EL Öl
- 150 g Semmelbrösel
- Öl für die Pfanne
- 1 Zitrone

Zubereitungszeit: 20 Minuten

Schnitzel mit dem Handballen leicht klopfen, etwas salzen und pfeffern und in Mehl wenden. Das Ei mit der Milch und dem Öl leicht verquirlen. Schnitzel von beiden Seiten in die Flüssigkeit tauchen, etwas abtropfen lassen und von beiden Seiten in die Semmelbrösel drücken. Öl in der Pfanne erhitzen und die Schnitzel von jeder Seite 3-5 Min. (je nach Dicke) braten. Zitrone in Scheiben schneiden und zusammen mit den Schnitzeln servieren.

2. Überbackene Champignonschnitzel

- 2 Zwiebeln
- 250 g Champignons
- 1 Knoblauchzehe
- 4 Schweineschnitzel
- Salz, Pfeffer
- 4 EL Butter
- 3 EL Semmelbrösel
- 4 EL trockener Weißwein
- 200 ml süße Sahne
- 100 g geriebener Emmentaler

Zubereitungszeit: 40 Minuten

Zwiebeln schälen und in Ringe schneiden. Champignons putzen und in Scheiben schneiden. Knoblauchzehe schälen, halbieren und die Schnitzel von beiden Seiten damit einreiben. Schnitzel salzen und pfeffern und in 2 EL heißer Butter von jeder Seite je nach Dicke ca. 5 Min. braten. Nebeneinander in eine feuerfeste Form legen. Restliche Butter in der gleichen Pfanne zerlassen, Zwiebeln und Champignons darin ca. 5 Min. unter Rühren andünsten. Semmelbrösel, Wein und Sahne einrühren und alles ca. 3 Min. köcheln lassen. Pilzmischung über die Schnitzel verteilen, geriebenen Käse darüber streuen und im vorgeheizten Backofen bei 220 °C (Gas Stufe 4-5) überbacken, bis der Käse goldbraun ist. Mit Bratkartoffeln servieren.

3. Schweineschnitzel mit Backpflaumen

- 250 g Backpflaumen ohne Stein
- 250 ml Weißwein
- 4 Schweineschnitzel
- Mehl zum Bestäuben
- Öl für die Pfanne
- Salz, Pfeffer
- 1 EL Tomatenmark
- 3 EL Crème fraîche

Zubereitungszeit: 40 Minuten
Einweichzeit: 3-4 Stunden

Backpflaumen mit Wein bedecken und zugedeckt in einem Topf ca. 3-4 Std. einweichen, dann in ca. 20 Min. bei geschlossenem Deckel weich garen. Schnitzel waschen, trocken tupfen, salzen, pfeffern und mit Mehl bestäuben. Öl in einer hohen Pfanne zerlassen und die Schnitzel bei mittlerer Hitze von jeder Seite ca. 3 Min. braten. Pflaumen aus der Kochflüssigkeit nehmen, abtropfen lassen und zusammen mit den Schnitzeln auf einer Platte anrichten und warm stellen. Bratensatz mit dem Pflaumensud ablöschen und um ca. die Hälfte einkochen lassen. Tomatenmark und Crème fraîche einrühren. Sauce über Schnitzel und Pflaumen gießen und z.B. mit Kartoffelgratin servieren.

4. *Kasseler Koteletts*

- 4 rohe Kasseler Koteletts
- 4 EL Butter
- 4 Tomaten
- 1/2 Bd. Basilikum
- Pfeffer

Zubereitungszeit: 20 Minuten

Koteletts waschen und trocken tupfen. 2 EL Butter in einer Pfanne erhitzen und die Koteletts darin von jeder Seite ca. 3-4 Min. braten. Auf einer Servierplatte warm stellen. Tomaten in Scheiben schneiden und mit Basilikumblättchen belegen. Restliche Butter in der Pfanne zerlassen und die Tomatenscheiben darin leicht anbraten. Tomaten zu den Koteletts geben und mit Pfeffer bestreuen. Dazu passen Kartoffelpüree und Gurkensalat.

5. Schweinemedaillons in Traubensauce

- 800 g Schweinefilet
- Salz, Pfeffer
- Öl für die Pfanne
- 6 Schalotten
- 2 EL Mehl
- 120 ml Fleischbrühe
- 150 ml trockener Rotwein
- 200 g grüne Trauben
- 100 g blaue Trauben
- 2 EL saure Sahne

Zubereitungszeit: 20 Minuten

Filet in Medaillons schneiden, salzen, pfeffern und im heißen Öl von jeder Seite ca. 3-4 Min. anbraten. Medaillons herausnehmen und warm stellen. Schalotten fein würfeln und im heißen Bratfett andünsten, mit Mehl bestäuben und mit der heißen Brühe ablöschen. Rotwein und die halbierten, entkernten Trauben zufügen, mit Salz und Pfeffer abschmecken und auf kleiner Hitze ca. 5 Min. köcheln lassen. Saure Sahne einrühren und die Traubensauce zu den Medaillons servieren. Dazu passen knuspriges Baguette oder gratinierte Kartoffeln.

SCHWEIN

6. Überbackene Medaillons auf Tomate

- 1 kg (große) Tomaten
- ca. 800 g Schweinefilet
- Öl für Pfanne und Backblech
- 400 ml Schmand (oder saure Sahne)
- 3-4 Knoblauchzehen
- 1 Bd. Basilikum
- 200 g Schafskäse
- Salz, Pfeffer

Zubereitungszeit: 40 Minuten

Tomaten waschen, Stängelansätze entfernen und in ca. 1 cm breite Scheiben schneiden. Schweinefilet in ca. 2,5 cm breite Streifen schneiden. Öl in der Pfanne erhitzen und das Fleisch von jeder Seite ca. 2 Min. braten, aus der Pfanne nehmen und mit Salz und Pfeffer bestreuen. Schmand (oder saure Sahne) unter Rühren zum Bratensatz geben und einmal aufkochen lassen. Knoblauchzehen abziehen und in die Sauce pressen und mit wenig Salz und Pfeffer abschmecken. Tomaten auf einem tiefen, gefetteten Blech verteilen, das Fleisch darauf legen und mit je einem Blatt Basilikum belegen (Endstücke oder sehr kleine Tomatenscheiben einfach dazwischen verteilen). Schafskäse in passende Stücke schneiden, auf das Fleisch legen und alles mit der Sahnesauce übergießen. Im vorgeheizten Backofen bei 200 °C (Gas Stufe 3-4) in ca. 10-15 Min. überbacken, bis der Käse zerlaufen ist. Dazu schmecken grüne Bandnudeln.

7. Schweinefilet in Rahmsauce

- 800 g Schweinefilet
- Salz, Pfeffer
- 1-2 TL getrockneter Thymian
- Öl für die Pfanne
- 125 ml Weißwein

FÜR DIE SAUCE:
- 250 ml saure Sahne
- 1 TL Olivenöl
- 1 TL Gemüsebrühe (Instant)
- 1-2 Prisen Knoblauchsalz
- einige Spritzer Sojasauce

Zubereitungszeit: 40 Minuten

Filet waschen, trocken tupfen und mit Salz, Pfeffer und Thymian einreiben. Öl in einer Pfanne erhitzen und das Filet bei starker Hitze von allen Seiten anbraten. Wein zugießen und das Fleisch weitere 15 Min. garen, es soll innen noch rosig sein. In einem Topf die saure Sahne mit Olivenöl verrühren und langsam erhitzen. Gewürze, Sojasauce und Gemüsebrühe hinzugeben. Das Filet währenddessen auf einer Platte anrichten. Die Rahmsauce mit dem Bratensaft in der Pfanne verrühren, abschmecken und getrennt zum Filet servieren.

8. Geschmortes Schweinefleisch mit Gemüse

- 1,5 kg Schweineschulter (o. Knochen und Schwarte)
- 2 Bd. Suppengrün
- 400 g Möhren
- 5 kleine Zwiebeln
- 1 Bd. Thymian
- 750 ml Gemüsebrühe
- 1 TL Zitronensaft
- Salz, Pfeffer
- 50 g Bacon (Frühstücksspeck)

Für 6 Personen
Zubereitungszeit: ca. 30 Minuten
Garzeit: ca. 2 Stunden

Das Fleisch in mundgerechte Stücke schneiden. Suppengrün und Möhren putzen, schälen und in grobe Stücke schneiden. Zwiebeln abziehen und vierteln. Alles in die Fettpfanne des Backofens geben, Zwiebelviertel, Thymian und Brühe mit Zitronensaft darüber gießen und mit Salz und Pfeffer würzen. Fettpfanne mit Alufolie abdecken und im vorgeheizten Backofen bei 200 °C (Gas Stufe 3-4) ca. 60 Min. garen.

Anschließend geviertelte Baconscheiben auf den Fleischstücken verteilen und ohne Abdeckung noch weitere 60 Min. schmoren (falls die Flüssigkeit eingekocht ist, noch zusätzliche Brühe dazugeben). Vor dem Servieren nochmals mit Salz und Pfeffer abschmecken. Dazu passen Röstkartoffeln oder ein kräftiges Bauernbrot.

Tipp: Lässt sich gut vorbereiten, wenn Sie Gäste erwarten.

9. Schweinepfeffer

- Öl für die Pfanne
- 800 g Schweinegulasch
- Salz, Pfeffer
- 3 Zwiebeln
- 2 Knoblauchzehen
- 1 EL Mehl
- 1-2 EL Sahne
- 1 EL Saucenbinder

Zubereitungszeit: 20 Minuten
Garzeit: mind. 60 Minuten

Öl in einem Topf erhitzen, die Fleischstücke hineingeben und unter Wenden sehr heiß anbraten. Mit Salz und Pfeffer würzen. Zwiebeln und Knoblauch schälen, fein hacken und im Topf mit anbräunen lassen. Das Fleisch mit etwas Mehl bestäuben und heißes Wasser angießen, bis die Fleischstücke fast bedeckt sind. Ca. 60 Min. bei kleiner Hitze schmoren lassen. (Je länger man es schmoren lässt, desto zarter wird das Gulasch.) Den Bratensaft mit etwas Sahne abrunden und evtl. mit Saucenbinder andicken. Dazu passen Nudeln.

10. Szegediner Gulasch

- 600 g Schweinegulasch
- Salz, Pfeffer
- 400 g Zwiebeln
- 2 Knoblauchzehen
- 2 Paprikaschoten
- 1-2 mehlig kochende Kartoffeln
- 250 g Sauerkraut aus der Dose
- Öl für den Topf
- 1 EL Tomatenmark
- 1 EL Paprikapulver edelsüß
- 1 EL Paprikapulver rosenscharf
- 1 Lorbeerblatt
- 1 TL Kümmel
- 500 ml Fleischbrühe
- 125 ml saure Sahne

Zubereitungszeit: 75 Minuten

Das Schweinefleisch waschen, trocken tupfen und mit Salz und Pfeffer würzen. Zwiebeln und Knoblauch schälen und fein würfeln. Paprikaschoten waschen, entkernen und in Streifen schneiden. Kartoffeln schälen und in Stücke schneiden. Öl in einem ausreichend großen Topf erhitzen, Zwiebeln und Knoblauch darin glasig dünsten. Das Fleisch dazugeben und bei starker Hitze ca. 5 Min. anbraten. Paprika, Kartoffeln und Sauerkraut dazugeben und weitere 2 Min. mitbraten. Tomatenmark und Gewürze unterrühren, mit der heißen Brühe aufgießen und nach kurzem Aufkochen ca. 45 Min. bei schwacher Hitze schmoren lassen. Deckel abnehmen, die saure Sahne hinzugeben und noch einige Minuten unter Rühren köcheln lassen. Dazu schmeckt Kartoffelpüree.

11. Eisbein mit Sauerkraut

- 3 EL Butterschmalz
- 750 g Sauerkraut
- 1 Zwiebel
- 1 Lorbeerblatt
- 5 Wacholderbeeren
- 4 kleine Eisbeine
- 2 Knoblauchzehen
- Pfeffer

Zubereitungszeit: 15 Minuten
Garzeit: ca. 1,5 Stunden

Butterschmalz in einem großen Topf erhitzen. Sauerkraut auflockern, Zwiebel halbieren und beides mit den Gewürzen in den Topf geben. Ca. 250 ml heißes Wasser zugießen und alles zum Kochen bringen. Eisbeine gut waschen, abtupfen, mit halbierten Knoblauchzehen und Pfeffer gut einreiben und in das kochende Kraut legen. Zugedeckt je nach Größe der Eisbeine ca. 1,5 Stunden bei mittlerer Hitze garen (sind die Eisbeine größer, erhöht sich die Garzeit auf 2 Stunden). Zwischendurch evtl. heißes Wasser nachgießen. Eisbeine auf dem Sauerkraut servieren. Dazu passen Semmelknödel.

12. *Schweinebraten*

- Öl für den Bratentopf
- Salz, Pfeffer
- 1,5 kg Nackenbraten (mit etwas Fett) oder magerer Schinkenbraten
- 2 Zwiebeln
- 2 Knoblauchzehen
- 1 Bd. Suppengrün
- 2 Tomaten
- 2-3 TL Kräuter der Provence

Bratzeit: ca. 2 Stunden

Öl in einem Bratentopf erhitzen. Das Fleisch mit Salz und Pfeffer einreiben und im heißen Fett von allen Seiten anbraten. Heißes Wasser zugießen (bis der Boden gut bedeckt ist). In diesen Sud klein geschnittene Zwiebeln und fein gehackte Knoblauchzehen hineingeben. Suppengrün putzen, fein schneiden und ebenfalls hinzugeben, mit Kräutern der Provence bestreuen. Abdecken und auf mittlerer Flamme ca. 2 Std. braten. Hin und wieder wenden und immer wieder etwas heißes Wasser zugießen, so dass ein leckerer Bratensud entsteht. Dazu schmecken Salzkartoffeln und Sauerkraut.

Tipp: Wer möchte, kann den Bratensud mit etwas dunklem Saucenbinder zu einer Sauce andicken.

13. Kasseler Braten in der Kruste

Zutaten:
- Öl für den Bratentopf
- 2 kg rohes Kasseler (ohne Knochen)
- 4 Zwiebeln
- 500 ml Gemüsebrühe
- 5 EL Orangenmarmelade
- 2 EL scharfer Senf
- 2 TL frisch geriebene Ingwerwurzel (oder Ingwerpulver)
- Cayennepfeffer
- 1 Msp. Pimentpulver
- 1 Msp. Korianderpulver
- 200 g Pinienkerne
- 200 ml süße Sahne
- Salz, Pfeffer

Für 8 Personen

Zubereitungszeit: ca. 2 Stunden

Öl in einem Bratentopf erhitzen und das Fleisch darin von allen Seiten scharf anbraten. Zwiebeln schälen, vierteln und dazugeben. Mit der Hälfte der Brühe aufgießen und im vorgeheizten Backofen bei 200 °C (Gas Stufe 3-4) ca. 30 Min. braten. Inzwischen Orangenmarmelade, Senf und Gewürze vermengen und mit der Hälfte davon das Fleisch bestreichen. Anschließend weitere 60 Min. schmoren lassen, dabei das Fleisch immer wieder mit Bratenfond begießen. Pinienkerne grob hacken, unter die restliche Marmeladenmischung rühren und die Oberseite des Bratens damit bestreichen. Bei ca. 220 °C (Gas Stufe 4-5) weitere 15 Min. knusprig braun braten lassen. Das Fleisch aus dem Bratentopf nehmen. Bratenfond mit der anderen Hälfte der heißen Brühe und der Sahne aufgießen und kurz aufkochen lassen. Mit Pfeffer und Salz abschmecken. Braten warm in der Sauce servieren.

14. Rosmarinbraten

- 1 kg Schweinenacken (ohne Knochen)
- Salz, Pfeffer
- 500 ml Rotwein
- 1 Zweig Rosmarin
- 150 g durchwachsener Speck
- 500 g Kartoffeln
- 500 g Möhren
- 250 g Staudensellerie
- 2 große Zwiebeln
- 1 l Gemüsebrühe
- 1 EL Saucenbinder
- 2 EL Crème fraîche

Zusätzlich: 1 Bratschlauch

Marinierzeit: 2 Tage im Bratschlauch
Garzeit: 75 Minuten

Das Fleisch abspülen und trocken tupfen. Mit Salz und Pfeffer einreiben. Fleisch, Rotwein und abgezupfte Rosmarinnadeln in einen Bratschlauch geben. Bratschlauch fest verschließen, das Fleisch darin an einem kühlen Ort für zwei Tage unter mehrmaligem Wenden marinieren. Vor dem Garen den Bratschlauch nach Anweisung einstechen, mit Inhalt auf eine Fettpfanne legen und in den vorgeheizten Backofen schieben. Bei 200 °C (Gas Stufe 3-4) ca. 45 Min. braten. Den Speck in Streifen schneiden, Kartoffeln und Möhren schälen und in grobe Stücke schneiden, Staudensellerie putzen und in Scheiben schneiden, Zwiebeln abziehen und würfeln. Nach 45 Min. Garzeit Speck und Gemüse in den Bratschlauch geben, die heiße Gemüsebrühe dazugießen und weitere 30 Min. garen lassen. Anschließend den Braten aus dem Bratschlauch nehmen. Die Sauce durch ein Sieb geben, aufkochen lassen, mit Saucenbinder andicken und mit Crème fraîche, Salz und Pfeffer abschmecken. Sauce zum Braten und zum Gemüse servieren.

15. Gefüllter Schweinebraten

- 1,2 kg Schweineschulter (mit Schwarte)
- FÜR DIE FÜLLUNG:
- 1 Bd. Suppengrün
- 3 EL Butterschmalz
- 1/2 Bd. Petersilie
- 1 unbehandelte Zitrone
- 2 Scheiben Vollkorntoast
- 1 Ei
- Salz, Pfeffer
- 200 ml Kalbsfond (aus dem Glas)

Zubereitungszeit: 30 Minuten
Garzeit: 75 Minuten

Die Schwarte vom Schweinebraten rautenförmig einschneiden (am besten gleich vom Fleischer machen lassen). Für die Füllung Suppengrün putzen, abspülen und fein würfeln. Ca. 1 TL Butterschmalz erhitzen und das Gemüse darin andünsten. Petersilie abspülen und hacken. Zitrone heiß abspülen und die Schale fein abreiben. Toastbrot würfeln. Alle Zutaten mischen und mit Salz und Pfeffer würzen. Die Fleischtasche aufklappen und ringsherum salzen und pfeffern. Die Füllung hineingeben und die Tasche mit Küchengarn zunähen. Restliches Butterschmalz in einem Bräter erhitzen, das Fleisch von allen Seiten anbraten, den Bräter verschließen und im vorgeheizten Backofen bei 200 °C (Gas Stufe 3-4) ca. 40 Min. braten. Kalbsfond zugeben und im geschlossenen Bräter weitere 20 Min. braten. Anschließend das Fleisch herausnehmen, in Alufolie wickeln und 15 Min. ruhen lassen. Küchengarn entfernen und den Braten in Scheiben schneiden. Die Sauce durch ein Sieb geben und zum Braten servieren. Dazu schmecken Semmelknödel und Wirsingkohlgemüse.

SCHWEIN

16. Kräuter-Senf-Braten

- 2 Schweinefilets (à 300 g)
- Salz, Pfeffer
- Öl für die Pfanne
- 150 g Zwiebeln
- 3 EL Kräutersenf
- 150 ml Gemüsebrühe
- 125 g Kräuter-Crème fraîche
- Zucker
- 1 Bd. Basilikum

Zubereitungszeit: 30 Minuten

Filets mit Salz und Pfeffer rundherum einreiben und in heißem Öl von allen Seiten gut anbraten. Zwiebeln schälen, fein würfeln und während des Bratens hinzugeben. Fleisch mit Senf bestreichen, Brühe angießen und alles ca. 15 Min. bei geringer Hitze schmoren lassen. Crème fraîche einrühren und die Sauce mit Salz, Pfeffer und etwas Zucker abschmecken. Gehacktes Basilikum darüber streuen und mit Nudeln oder Baguette servieren.

17. Frikadellen

- 2 Zwiebeln
- 500 g gemischtes Hackfleisch
- 1 Ei
- Salz, Pfeffer
- etwas Mehl
- Öl für die Pfanne

Zubereitungszeit: 20 Minuten

Zwiebeln schälen und fein würfeln. Hackfleisch in einer Schüssel mit Ei, Zwiebelwürfeln, etwas Salz und Pfeffer gut vermengen. In einem Teller etwas Mehl bereitstellen. Öl in einer Pfanne erhitzen. Mit feuchten Händen aus dem Fleischteig Frikadellen formen, kurz in Mehl wälzen und von beiden Seiten bei großer Hitze ca. 4-5 Min. (je nach Größe) braun braten.

Tipp: Lockerer werden die Frikadellen, wenn Sie ein altes Brötchen oder eine Scheibe Weißbrot in Wasser einweichen und gut ausgedrückt mit in den Fleischteig geben.

18. Königsberger Klopse

FÜR DIE KLOPSE:
- 1 Brötchen
- 1 Zwiebel
- 500 g gemischtes Hackfleisch
- 1 Eiweiß
- 2 TL Senf
- Salz, Pfeffer

FÜR DIE SAUCE:
- 30 g Butter
- 2-3 EL Mehl
- 1 Eigelb
- 2 EL Milch
- 1 EL abgetropfte Kapern
- Salz, Pfeffer
- 1 TL Zitronensaft

Zubereitungszeit: 45 Minuten

Brötchen in kaltem Wasser einweichen, ausdrücken und mit der fein gehackten Zwiebel zu dem Hackfleisch geben. Eiweiß und Senf dazugeben, mit Salz und Pfeffer würzen und zu einem Teig verarbeiten. Aus dem Teig mit nassen Händen Klopse formen. In der Zwischenzeit ca. 750 ml Wasser salzen und zum Kochen bringen. Klopse in das Wasser geben und in ca. 20-30 Min. gar ziehen lassen. Klopse aus der Brühe nehmen und warm stellen. Brühe durch ein Sieb geben und ca. 500 ml davon aufbewahren. Für die Sauce Butter in einer Pfanne zerlassen und Mehl unter ständigem Rühren einrühren. Brühe langsam, ebenfalls unter ständigem Rühren, dazugeben, aufkochen und dann weitere 5 Min. kochen lassen. Eigelb mit der kalten Milch in einer Tasse verschlagen, in die Sauce geben (jetzt nicht mehr kochen lassen), Kapern hinzufügen, mit Salz, Pfeffer und wenig Zitronensaft abschmecken. Klopse in die Sauce geben und vor dem Servieren noch 5 Min. ziehen lassen. Dazu schmecken Salzkartoffeln und Rote-Bete-Salat.

19. Kohlrouladen

- 1 Weißkohl (ca. 1 kg)
- Salz, Pfeffer
- 2 Zwiebeln
- 400 g gemischtes Hackfleisch
- 75 g Margarine
- 250 ml Wasser
- 150 g durchwachsener Speck
- 3 Zwiebeln

Zubereitungszeit: 40 Minuten
Garzeit: 60 Minuten

Die Kohlblätter vom Strunk lösen und in kochendem Salzwasser 2 Min. blanchieren, herausnehmen und gut abtropfen lassen. Dicke Strunkenden der Blätter etwas ausschneiden. Die Zwiebeln abziehen, fein würfeln und mit dem Hackfleisch vermengen. Mit Salz und Pfeffer würzen. Jeweils 1-2 EL Hackfleischteig in 2-3 übereinandergelegte Kohlblätter wickeln und mit Küchengarn oder Rouladennadeln zusammenhalten. Die Margarine in einem Schmortopf erhitzen, und die Kohlrouladen von allen Seiten darin anbräunen. Mit Wasser ablöschen und bei mittlerer Hitze ca. 1 Std. im geschlossenen Topf garen, ab und zu wenden und falls nötig, noch etwas Wasser nachgießen. Inzwischen den Speck und die abgezogenen Zwiebeln würfeln. In einer Pfanne anbraten und zu den Kohlrouladen servieren. Dazu passen Salzkartoffeln.

20. Gefüllte Paprikaschoten

- 4 große Paprikaschoten (rot oder grün)
- Salz
- 1 große Zwiebel
- 2 Knoblauchzehen
- 100 g Champignons
- 2 EL Öl
- 400 g gemischtes Hackfleisch
- 200 g Langkornreis
- 1 Ei
- 1/2 TL getrockneter Rosmarin
- 2 EL gehackte Petersilie
- 250 ml Gemüsebrühe
- 4 EL Tomatenmark
- 100 ml saure Sahne
- 1 Prise Zucker
- 1 Prise Paprika rosenscharf

Vorbereitungszeit: 20 Minuten
Garzeit: ca. 40 Minuten

Von den Paprikaschoten die Stielenden als Kappe abschneiden (und aufbewahren), Trennwände und Kerne im Inneren entfernen. Paprika waschen, trocken tupfen und innen leicht salzen. Zwiebel und Knoblauch schälen und fein hacken. Champignons putzen, abreiben und blättrig schneiden. Öl in einer Pfanne erhitzen, Zwiebel- und Knoblauchwürfel darin glasig braten, Champignons und Hackfleisch hinzufügen und alles unter ständigem Wenden so lange braten, bis das Hackfleisch krümelig braun ist. In der Zwischenzeit Reis nach Anweisung gar kochen. Gekochten Reis, Ei, Rosmarin und Petersilie unter das Hackfleisch mischen, wenig salzen und in die Schoten füllen. Paprikaschoten in einen Topf setzen, mit der heißen Brühe umgießen, Kappen auf die Reisfüllung setzen und die Schoten zugedeckt bei schwacher Hitze in ca. 40 Min. gar dünsten. Aus dem Topf nehmen, auf einer Platte anrichten und warm halten. Tomatenmark und saure Sahne in die Flüssigkeit im Topf einrühren, mit wenig Salz, Zucker und Rosenpaprika abschmecken und separat zu den Paprikaschoten servieren.

21. Hackbraten „Falscher Hase"

- 5 Eier
- 1 Brötchen
- 2 Zwiebeln
- 1 Knoblauchzehe
- 4 EL gehackter Schnittlauch
- 2 EL gehackte Petersilie
- 750 g gemischtes Hackfleisch
- Salz, Pfeffer
- Öl für die Form

Zubereitungszeit: 20 Minuten
Garzeit: 45 Minuten

Drei Eier in ca. 10 Min. hart kochen. In der Zwischenzeit das Brötchen in Wasser einweichen. Zwiebeln schälen und fein hacken. Knoblauchzehe abziehen, pressen und mit Kräutern und den restlichen beiden (rohen) Eiern zum Hackfleisch geben. Mit Salz und Pfeffer würzen. Brötchen ausdrücken, dazugeben und aus allen Zutaten einen Hackfleischteig zubereiten. Die Hälfte des Teigs in eine geölte Kastenform geben. Hart gekochte Eier pellen, in den Teig drücken und mit dem restlichen Hackfleisch bedecken. Leicht festdrücken. Im vorgeheizten Backofen bei 180 °C (Gas Stufe 2-3) ca. 45 Min. backen. Dazu schmecken Bratkartoffeln und Gurkensalat.

22. Hackbraten mit Schafskäsefüllung

Zutaten:
- 2 Brötchen
- 125 g durchwachsener Speck
- 2 Zwiebeln
- 2 Knoblauchzehen
- Öl für Pfanne und Auflaufform
- 1 kg gemischtes Hackfleisch
- 3 Eier
- 2 EL getr. Schnittlauch
- 1 EL Tomatenmark
- 1/4 TL Paprikapulver rosenscharf
- Salz, Pfeffer
- 200 g Schafskäse
- 6 EL Sahne oder Milch
- 1 TL getrockneter Thymian
- 1 TL getr. Basilikum
- 3 Lorbeerblätter
- 1-2 EL Pinienkerne

Zubereitungszeit: 30 Minuten
Garzeit: 60 Minuten

Brötchen in kaltem Wasser einweichen und ausdrücken. Speck würfeln, Zwiebeln und Knoblauchzehen schälen und fein hacken. Öl in einer Pfanne erhitzen und Speck, Zwiebeln und Knoblauch glasig andünsten und auskühlen lassen. Hackfleisch mit Brötchen, Speck, Zwiebeln, Knoblauch und Eiern vermengen. Schnittlauch, Tomatenmark und Paprikapulver zugeben und alles gut durchkneten. Mit Salz und Pfeffer würzen. In einer Schale den Schafskäse zerdrücken und mit Sahne, Thymian und Basilikum verrühren. Die Hälfte des Fleischteiges in eine gefettete Auflaufform geben, glatt streichen und die Schafskäsemasse darauf verteilen (kleinen Rand lassen!). Mit der restlichen Fleischmasse bedecken und bei 200 °C (Gas Stufe 3-4) ca. 60 Min. im vorgeheizten Backofen backen. Nach ca. 40 Min. Backzeit den Hackbraten mit Lorbeerblättern belegen und mit Pinienkernen bestreuen.

23. *Cordon bleu*

- 4 dicke Kalbsschnitzel
- Pfeffer
- 4 Scheiben Emmentaler
- 250 g gekochter Schinken
- 2 TL Senf
- 2 Eier
- 6 EL Paniermehl
- 60 g Butter

Zubereitungszeit: 45 Minuten

In die Schnitzel jeweils seitlich eine große Tasche einschneiden (oder vom Metzger einschneiden lassen). Schnitzel pfeffern. Käse und gekochten Schinken so zurechtschneiden, dass sie in die Schnitzeltaschen passen. Käse mit je einer Scheibe gekochtem Schinken umwickeln, in die Fleischtaschen schieben und mit einem Holzspieß (Zahnstocher) verschließen. Die Schnitzel von beiden Seiten mit Senf bestreichen. Eier in einen Teller aufschlagen und verquirlen, Paniermehl in einen zweiten Teller geben. Schnitzel erst in Ei, dann in Paniermehl wenden. Butter in einer Pfanne bei großer Hitze schmelzen lassen, Schnitzel von jeder Seite zunächst 1 Min. anbraten, die Hitze dann zurücknehmen und von jeder Seite weitere 6 Min. braten. Dazu schmecken Bratkartoffeln.

Tipp: Sie können Cordon bleu auch mit Schweineschnitzel zubereiten.

KALB

24. Kalbsschnitzel mit Salbei
(Saltimbocca alla romana)

- **8 dünne Kalbsschnitzel**
- **8 Scheiben roher Schinken**
- **8 Salbeiblätter**
- **4 EL Butter**
- **Salz, Pfeffer**
- **125 ml trockener Weißwein**

Zubereitungszeit: 30 Minuten

Die Schnitzel mit Küchenpapier trocken tupfen und vorsichtig mit dem Handballen klopfen. Auf jedes Schnitzel erst ein Salbeiblatt, dann eine Scheibe Schinken legen, beides mit einem Holzspieß (Zahnstocher) am Fleisch feststecken. In einer Pfanne 2 EL Butter bei mittlerer Hitze zerlassen, Schnitzel hineingeben und von jeder Seite ca. 2-3 Min. braten. Schnitzel danach nur wenig salzen und pfeffern, herausnehmen und warm stellen. Den Bratensatz mit Weißwein ablöschen und kräftig aufkochen. Mit einem Schneebesen die restliche Butter in die Sauce einrühren. Abschmecken, Schnitzel kurz wieder in die Pfanne legen und vor dem Servieren noch einmal heiß werden lassen. Dazu schmecken grüne Bandnudeln und ein frischer grüner Salat.

25. Kalbsschnitzel in Estragonsauce

- 3 EL Öl
- 8 kleine, dünne Kalbsschnitzel
- 100 ml Weißwein
- 250 ml süße Sahne
- 2 EL Butter
- 1/2 Bd. Estragon
- Salz, Pfeffer

Zubereitungszeit: 20 Minuten

Die Schnitzel in Öl bei großer Hitze c. 2-3 Min. von jeder Seite goldbraun braten. Mit Salz und Pfeffer würzen, aus der Pfanne nehmen und warm stellen. Den Bratensaft mit Weißwein ablöschen, Sahne einrühren und etwas einkochen lassen. Nach 2-3 Min. die Butter unter die Sauce rühren und wieder etwas einkochen lassen. Fein gehackten Estragon in die Sauce geben, mit Salz und Pfeffer abschmecken. Vor dem Servieren die Schnitzel mit Sauce begießen.

26. Leber „Berliner Art"

- 4 Scheiben Kalbsleber
- Öl für die Pfanne
- 6 Zwiebeln
- etwas Mehl
- 2 Äpfel

Zubereitungszeit: 30 Minuten

Die Leber waschen, trocken tupfen und leicht salzen. Öl in einer Pfanne (mit Deckel) erhitzen und die Leberstücke darin kurz anbraten. Aus der Pfanne nehmen und in mundgerechte Stücke schneiden. Zwiebeln in dünne Ringe schneiden und im Bratensatz glasig andünsten. Geschnetzelte Leber wieder hinzugeben, mit etwas Mehl bestäuben und bei geschlossenem Deckel ca. 10 Min. braten. Äpfel schälen (ganz lassen!), entkernen, in Scheiben schneiden und ca. 1 Min. mitbraten. Zu der Leber mit Äpfeln und Zwiebelringen passen Kartoffelpüree und ein grüner Salat.

27. Kalbsfrikassee mit Krabben

- 2 Zwiebeln
- 500 ml Gemüsebrühe
- 125 ml Weißwein
- 750 g Kalbfleisch
- 1 Lorbeerblatt
- 2 Nelken
- 3 Pfefferkörner
- 1 Bd. Suppengrün
- 300 g TK-Erbsen
- 150 g gegarte, geschälte Krabben
- 1 kl. Dose Spargel (270 g)
- 3 Eigelb
- Salz, Pfeffer
- 1 TL Zitronensaft
- 125 ml süße Sahne
- 50 g kalte Butter

Zubereitungszeit: ca. 1,5 Stunden

Zwiebeln schälen. Brühe mit dem Wein aufkochen, Fleisch, Zwiebeln, Lorbeerblatt, Nelken und Pfefferkörner hineingeben und bei geringer Hitze ca. 1 Std. kochen lassen. Inzwischen Suppengrün putzen, waschen, in Stücke schneiden und nach 30 Min. mit zum Fleisch geben. Erbsen nach Packungsanweisung in wenig Wasser garen und abtropfen lassen. Krabben abspülen und trocken tupfen, Spargel abtropfen lassen. Das gegarte Fleisch aus der Brühe nehmen (Brühe aufbewahren) und in mundgerechte Stücke schneiden, mit Erbsen, Krabben und Spargel mischen und in etwas Brühe warm halten.

Für die Sauce ca. 150 ml von der Kalbfleischbrühe abnehmen und Eigelb mit Brühe, Salz, Pfeffer und Zitronensaft im heißen Wasserbad aufschlagen, bis die Masse etwas andickt. Sahne und flockenweise Butter unterrühren. Fleisch, Krabben und Erbsen aus der Brühe nehmen und unter die Sauce heben. Dazu passen Baguette oder Bandnudeln.

28. Kalbsfilet in Zitronensauce

- 2 Kalbsfilets (à 250 g)
- Salz, Pfeffer
- je 1 Msp. getrockneter Salbei, Oregano, Thymian
- 3 EL Butter
- 1/2 Zitrone
- 1 1/2 Tassen kräftige Fleischbrühe

Zubereitungszeit: 20 Minuten

Die Filets mit Salz, Pfeffer und den Kräutern von allen Seiten einreiben. Butter in einer Pfanne erhitzen und das Fleisch darin rundherum ca. 10 Min. anbraten. Filets auf einer Platte warm stellen. Die Zitrone auspressen. Den Bratensatz mit der Fleischbrühe loskochen und den Zitronensaft einrühren. Sauce über die Filets gießen. Dazu passen Butterreis und junges Gemüse.

29. Geschmorte Kalbshaxe
(Osso bucco)

- 4 Scheiben Kalbshaxe mit Knochen (je ca. 3-4 cm dick)
- Salz, Pfeffer
- 4 EL Mehl
- 2 Stangen Staudensellerie
- 2 Möhren
- 2 Zwiebeln
- 1 Knoblauchzehe
- 4 EL Olivenöl
- 4 Tomaten
- 125 ml trockener Weißwein
- 125 ml Wasser
- 1 TL Oregano

Zubereitungszeit: 30 Minuten
Garzeit: ca. 1,5 Stunden

Die Kalbshaxenscheiben abspülen, trocken tupfen, mit Salz und Pfeffer würzen und leicht in Mehl wenden. Das Gemüse putzen, waschen und klein schneiden. Zwiebeln und Knoblauchzehe schälen und hacken. Olivenöl in einem Schmortopf erhitzen und die Kalbshaxenscheiben von beiden Seiten kräftig anbraten. Gehacktes Gemüse, Zwiebeln und Knoblauch dazugeben und kurz mit bräunen. Inzwischen die Tomaten überbrühen, häuten, klein schneiden und zusammen mit Wein, Wasser und Oregano zum Fleisch geben. Im geschlossenen Topf bei kleiner Hitze ca. 1,5 Std. schmoren lassen und dabei ab und zu umrühren. Dazu schmeckt körniger Reis.

30. Kleine Steaks mit Möhrchen

- 300 g Möhren
- 1 EL Butter
- 4 EL dunkles Bier
- Salz, Pfeffer
- 1 Prise Zucker
- 1/2 TL Essig
- 1 EL gehackte Petersilie
- 2 kleine Filetsteaks (Tournedos à 120 g)
- Öl für die Pfanne

Für 2 Personen
Zubereitungszeit: 30 Minuten

Möhren putzen und in Stifte schneiden. Butter in einem Topf zerlassen, Möhren darin schwenken und das Bier zugießen. Bei milder Hitze ca. 15 Min. garen, bis die Möhren weich sind. Mit Salz, Zucker und Essig abschmecken und mit Petersilie bestreuen. Steaks mit dem Handballen etwas flach drücken. Öl in einer Pfanne erhitzen und das Fleisch darin von jeder Seite 3-4 Min. braten. Mit Salz und Pfeffer würzen.
Auf Tellern zusammen mit den Möhren anrichten. Dazu passen Bratkartoffeln.

Info: Tournedos sind besonders kleine, dicke Scheiben aus der Spitze des Rinderfilets.

31. Rumpsteak à la Bordelaise

- 2 Schalotten
- 1 TL Pfefferkörner
- 1 Lorbeerblatt
- 500 ml trockener Rotwein
- 200 ml Rinderfond
- 4 Rumpsteaks (à ca. 180 g)
- Salz, Pfeffer
- Öl für die Pfanne
- 100 g kalte Butter

Zubereitungszeit: 30 Minuten

Schalotten fein hacken und mit Pfefferkörnern, Lorbeerblatt und Wein in einem Topf zum Kochen bringen. Auf ca. die Hälfte einkochen lassen, dann Fond zugießen und alles zusammen nochmals etwas einkochen lassen. Die Steaks abtupfen und salzen und pfeffern. Öl in einer Pfanne stark erhitzen, die Steaks darin von beiden Seiten scharf anbraten, dann bei etwas reduzierter Hitze von jeder Seite nochmals ca. 2 Min. braten. Abgedeckt warm halten. Die Sauce durch ein Sieb gießen und kurz wieder aufkochen. Vom Herd nehmen und die kalte Butter in Flöckchen nach und nach unter die Sauce schlagen. Nicht mehr aufkochen. Sauce mit Salz abschmecken und zu den Steaks servieren.

Tipp: Die Garzeit für Steaks ist sehr variabel. Entscheidend ist, wie dick die Steaks sind und ob Sie die Steaks lieber „englisch", „medium" oder ganz durchgebraten mögen.

32. Entrecote mit Pfifferlingen

- 1 Entrecote à 400 g (Zwischenrippenstück)
- 2 EL Öl
- Salz, Pfeffer
- 250 g Pfifferlinge
- 1/2 Bd. Petersilie
- 75 g durchwachsener Speck
- Öl für die Pfanne
- 2 EL Butter

Für 2 Personen
Zubereitungszeit: 40 Minuten

Das Fleisch mit dem Handballen flach drücken, mit Öl bestreichen und pfeffern. Pfifferlinge putzen, Petersilie fein hacken, Speck würfeln. Öl in einer Pfanne erhitzen, das Entrecote darin auf jeder Seite ca. 7 Min. scharf anbraten. Speck währenddessen dazugeben und knusprig braten. Fleisch anschließend salzen und warm stellen. Butter in einem Topf erhitzen, Pilze darin ca. 7 Min. schmoren, mit Salz und Pfeffer würzen und mit Petersilie bestreuen. Entrecote in schräge Scheiben schneiden und mit Pilzen und Speckwürfeln servieren.

33. Bœuf Stroganoff

- 2 Zwiebeln
- 250 g Champignons
- 1 Gewürzgurke
- 3 kleine Tomaten
- Öl für die Pfanne
- 1 EL Mehl
- 125 ml Fleischbrühe
- 600 g Rinderfilet
- Salz, Pfeffer
- 1 TL scharfer Senf
- 2 TL Zitronensaft
- 250 ml saure Sahne

Zubereitungszeit: 35 Minuten

Zwiebeln schälen und grob hacken. Champignons putzen und in Scheiben schneiden. Gurke würfeln, Tomaten kurz überbrühen, häuten und klein schneiden. Öl in einer Pfanne erhitzen und die Zwiebeln darin glasig andünsten. Mehl anstäuben, kurz anschmoren lassen und die heiße Fleischbrühe langsam einrühren. Bei milder Hitze 10 Min. köcheln lassen. Inzwischen Rinderfilet in ca. 1 cm dicke und 5 cm lange Streifen schneiden. Öl in einer zweiten Pfanne erhitzen und die Fleischstreifen darin von allen Seiten 2-3 Min. anbraten, sie sollten innen noch rosa sein. Das Fleisch aus der Pfanne nehmen, salzen, pfeffern und warm stellen. Champignons im restlichen Bratensatz ca. 3 Min. anbraten, Tomaten zugeben und weitere 3 Min. mitschmoren lassen. Pilz-Tomaten-Mischung und Gurkenwürfel in die Zwiebelsauce geben und alles mit Senf und Zitronensaft vermengen. Saure Sahne unterrühren, dann das Fleisch zugeben. Zusammen heiß werden lassen, aber nicht mehr kochen. Dazu schmecken Petersilienkartoffeln und ein grüner Salat.

34. Zwiebelgulasch mit Paprika

- 4 Zwiebeln
- 2 rote Paprikaschoten
- 600 g Rindergulasch
- Öl für den Topf
- Salz, Pfeffer
- 250 ml Gemüsebrühe
- 1 EL Paprikapulver edelsüß
- 1 EL Paprikapulver rosenscharf
- 2 große Tomaten
- 1 EL Sojasauce

Zubereitungszeit: 20 Minuten
Garzeit: 75 Minuten

Zwiebeln schälen und in Ringe schneiden. Paprika waschen und klein schneiden. Fleisch in mundgerechte Würfel schneiden. Öl in einem Schmortopf stark erhitzen und die mit Pfeffer und Salz gewürzten Fleischwürfel darin unter mehrmaligem Wenden ca. 4 Min. scharf anbraten. Zwiebeln zugeben und weitere 4 Min. mit anbräunen lassen. Klein geschnittene Paprika hinzugeben und nochmals 4 Min. braten. Brühe darüber gießen und kurz aufkochen lassen. Paprikapulver hinzufügen und alles zugedeckt 30 Min. schmoren lassen. Tomaten waschen und klein schneiden, zu dem Gulasch geben und alles zusammen ca. 45 Min. schmoren lassen. Mit Gewürzen und Sojasauce abschmecken. Dazu passen Spätzle.

35. Rouladen

- 4 dünne Scheiben Rindfleisch (à 200-300 g)
- Salz, Pfeffer
- 1 TL Mayonnaise
- 1 TL scharfer Senf
- 1 Zwiebel
- 100 g Schinkenspeck
- 4 Zwirnsfäden (je 50 cm)
- etwas Mehl
- Öl für den Topf

Zubereitungszeit: 30 Minuten
Garzeit: 1,5 Stunden

Die Fleischscheiben mit dem Handballen zart klopfen, salzen, pfeffern und dünn mit jeweils Mayonnaise und Senf bestreichen. Zwiebel schälen und fein hacken, Speck in schmale Streifen schneiden. Jede Fleischscheibe mit Zwiebeln und 2-3 Speckstreifen belegen. Von der schmalen Seite her zusammenrollen und jeweils mit einem Faden umwickeln. Öl in einem Bratentopf oder einer hohen Pfanne mit Deckel erhitzen. Rouladen mit Mehl bestäuben, etwas salzen und in heißem Fett von allen Seiten in ca. 10-15 Min. braun anbraten. Heißes Wasser zugießen, bis die Rouladen fast komplett bedeckt sind. Bei geschlossenem Deckel und kleiner Hitze ca. 1,5 Std. schmoren lassen. Dazu schmecken Kartoffelpüree oder Salzkartoffeln.

Tipp: Wenn Sie die Rouladen nicht ganz so dick haben möchten, nehmen Sie 8 kleinere Scheiben à 120-150 g. Als Füllung eignen sich auch klein geschnittene Tomaten, Paprika oder Gewürzgurken.

36. Tafelspitz

- 2 Bd. Suppengrün
- 1 TL Salz
- 1/2 TL schwarze Pfefferkörner
- 4-5 Wacholderbeeren
- 2 Lorbeerblätter
- 1 kg Tafelspitz (Rindfleisch aus der Hüfte)
- 3 Frühlingszwiebeln
- 1 EL Butter
- 500 g TK-Erbsen
- Pfeffer
- 3 EL Zitronensaft
- 1-2 Prisen Cayennepfeffer
- 1 Bd. Basilikum
- 2 EL Crème fraîche

Zubereitungszeit: ca. 3 Stunden

Suppengrün putzen und klein schneiden. Ca. 2 l Wasser in einem Topf aufsetzen, Suppengrün, Salz, Pfefferkörner, Wacholderbeeren und Lorbeerblätter hineingeben und zum Kochen bringen. Fleisch waschen, trocken tupfen und ins kochende Gemüsewasser geben, bei halb geschlossenem Deckel und geringer Hitze ca. 2,5 Std. köcheln lassen. Frühlingszwiebeln putzen und in feine Ringe schneiden. In einer Kasserolle Butter schmelzen und Frühlingszwiebeln darin andünsten. Erbsen hinzugeben und mit ca. 3 EL Tafelspitzbrühe vermengen. Kurz aufkochen lassen und ca. 10 Min. bei kleiner Hitze weiter köcheln lassen. Mit Salz, Pfeffer, Zitronensaft und Cayennepfeffer würzen. Basilikum waschen, fein hacken und untermengen (ein paar Blättchen zum Dekorieren zurückbehalten). Erbsen im Topf pürieren, Crème fraîche einrühren und abschmecken. Tafelspitz vom Herd nehmen, auf einer Platte anrichten, quer zur Faser in dünne Scheiben aufschneiden und pfeffern. Gemüsepüree dazu anrichten und vor dem Servieren mit den restlichen Basilikumblättchen bestreuen.

37. Rinderschmorbraten

- 1 kg Rindfleisch (z.B. Hüfte)
- Salz
- etwas Mehl
- 50 g Schinkenspeck
- Öl für den Topf
- 3 Zwiebeln
- 1-2 EL dunkler Saucenbinder

Zubereitungszeit: 30 Minuten
Garzeit: 1,5 Stunden

Das Fleisch waschen, trocken tupfen und leicht klopfen. Mit Salz einreiben und mit etwas Mehl bestreuen. Speck würfeln, in heißem Fett ausbraten und aus dem Topf nehmen. Zwiebeln schälen und klein schneiden. Das Fleisch in heißem Fett von allen Seiten schön braun anbraten, Zwiebeln hinzugeben und kurz mitbraten. Heißes Wasser zugießen, bis das Fleisch etwa zur Hälfte in Flüssigkeit liegt. Speck wieder zugeben und das Fleisch bei zugedecktem Topf und kleiner Hitze ca. 1,5 Std. schmoren lassen. Häufig mit Bratenflüssigkeit übergießen und ab und zu wenden. Den fertigen Braten auf einer Platte warm stellen, die Sauce mit dunklem Saucenbinder binden, abschmecken und dazu servieren.

38. Sauerbraten

- 1,2 kg Rindfleisch (z.B. aus der Oberschale)
- 250 ml kräftiger Rotwein
- 250 ml Rotweinessig
- 8 Wacholderbeeren
- 2 Lorbeerblätter
- 1/2 TL Pimentkörner
- 1/2 TL Pfefferkörner
- 3 Gewürznelken
- Salz, Pfeffer
- 2 Zwiebeln
- 3 Kartoffeln
- 3 EL Butter- oder Schweineschmalz
- 3 EL Crème fraîche

Marinierzeit: 2-3 Tage, Zubereitungszeit: 30 Minuten
Bratzeit: 2 Stunden

Das Fleisch waschen, trocken tupfen und in eine hohe Schale legen. Wein, Essig und Gewürze kurz erhitzen, auskühlen lassen und über das Fleisch gießen. Zugedeckt an einem kühlen Ort 2-3 Tage stehen lassen. Dann das Fleisch aus der Marinade nehmen (Marinade aufbewahren!) und abtropfen lassen. Zwiebeln und Kartoffeln schälen und würfeln. Das Fleisch trocken tupfen, salzen und pfeffern. Schmalz in einem Bratentopf erhitzen und das Fleisch von allen Seiten kräftig anbraten, Zwiebeln kurz mit andünsten. Mit der Hälfte der aufgefangenen Marinade ablöschen. Kartoffeln zugeben und zugedeckt ca. 2 Std. bei leichter Hitze schmoren lassen, zwischendurch Marinade oder heißes Wasser nachgießen. Das Fleisch herausheben und warm stellen. Die Sauce passieren, Crème fraîche unterrühren und noch einmal aufkochen lassen. Das Fleisch in Scheiben schneiden, auf Tellern anrichten und mit etwas Sauce übergießen. Dazu schmecken Kartoffelklöße und Rotkohl.

Tipp: In der Marinade schmeckt auch eine Hand voll Rosinen, dann wird der Braten zum klassischen „Rheinischen Sauerbraten".

39. Roastbeef

- 2 EL Worcestersauce
- 2 Msp. Cayennepfeffer
- 6 EL Sonnenblumenöl
- 1,5 kg Rinderlende

Für 8 Personen, Zubereitungszeit: ca. 1 Stunde

Den Backofen mit eingeschobenem Rost (mittlere Schiene) und Fettpfanne (untere Schiene) auf 250°C (Gas Stufe 5-6) vorheizen. Worcestersauce mit Cayennepfeffer und Öl vermengen und das Fleisch damit rundherum einreiben. Das Fleisch auf den Rost legen und ca. 15 Min. garen. Danach die Hitze auf 200 °C (Gas Stufe 4) reduzieren und ca. 500 ml heißes Wasser in die Fettpfanne gießen. (Der entstehende Wasserdampf sorgt für gleichmäßiges Garen.) Das Fleisch noch weitere 30 Min. garen, jetzt ist es innen schön rosa. **Garprobe:** Mit einer Gabel leicht auf das Fleisch drücken – wenn es federnd, aber nicht zu weich nachgibt, ist es gar. Roastbeef im ausgeschalteten Backofen ca. 10 Min. nachgaren lassen, auskühlen lassen und in dünne Scheiben schneiden. Dazu schmecken Bratkartoffeln, aber auch ein frischer Salat und Baguette.

Tipp: Roastbeef kann auch hervorragend kalt gegessen werden und eignet sich für Büfetts oder Picknicks.

40. Rinderbraten im Schinkenmantel (Bœuf à la mode)

- 1 kg Rindfleisch (Schulter)
- Salz, Pfeffer

FÜR DIE MARINADE:
- 2 Zwiebeln
- 2 Knoblauchzehen
- 1 Bd. Suppengrün
- 500 ml trockener Rotwein
- 1 Lorbeerblatt
- Öl für den Bratentopf
- 250 ml Fleischbrühe
- Salz, Pfeffer
- 100 g Schinkenspeck in Scheiben
- 2 Kartoffeln
- 3 Möhren

Marinierzeit: mind. 8 Stunden
Zubereitungszeit: 30 Minuten, Garzeit: mind. 1,5 Std.

Das Rinderfilet waschen, trocken tupfen, mit Salz und Pfeffer einreiben und in eine Schale geben. Zwiebeln schälen und achteln, Knoblauchzehen abziehen und halbieren. Suppengrün putzen und klein schneiden. Rotwein, Zwiebeln, Gemüse, Knoblauch und Lorbeerblatt vermengen und über das Fleisch geben. Abdecken und über Nacht kalt stellen. Fleisch aus der Marinade nehmen und abtropfen lassen (Marinade aufbewahren!). In heißem Fett rundherum kräftig anbraten, anschließend mit Schinkenspeck umwickeln (mit Zahnstochern feststecken oder mit Garn umwickeln), dann die Marinade hinzugeben. Etwas Fleischbrühe angießen, kurz aufkochen lassen, bei kleiner Hitze mind. 1,5 Std. weiter schmoren. Kartoffeln und Möhren schälen und in Scheibchen schneiden, 30 Min. vor Ende der Bratzeit zu dem Fleisch geben und mitschmoren lassen. Fleisch und Gemüse aus der Sauce nehmen und auf einer Platte anrichten. Die Sauce durch ein Sieb gießen, noch etwas einkochen lassen, mit Salz und Pfeffer abschmecken und zu dem Fleisch servieren.

41. Lammkoteletts mediterrané

- 8 Lammkoteletts
- 2 Bd. Petersilie
- 6 EL Semmelbrösel
- 6 Knoblauchzehen
- Salz, Pfeffer
- 2 EL Butter
- 4 EL Olivenöl

Zubereitungszeit: 30 Minuten

Koteletts waschen und trocken tupfen. Petersilie waschen, fein hacken und in einer Schale mit den Semmelbröseln mischen. Knoblauchzehen schälen und dazupressen, mit Salz und Pfeffer würzen. Butter in einer Pfanne erhitzen, Koteletts von jeder Seite ca. 2-3 Min. braten, dann salzen, pfeffern und in einer feuerfesten Form anrichten. Koteletts mit der Kräutermischung belegen und mit Öl beträufeln. Im vorgeheizten Backofen auf der mittleren Schiene bei 250 °C (Gas Stufe 5-6) ca. 8-10 Min. braten, bis die Kräuterdecke leicht gebräunt ist. Mit gegrillten Tomaten oder grünen Bohnen servieren.

42. Stielkoteletts vom Lamm mit Tomaten

- 3 Knoblauchzehen
- 2 unbehandelte Zitronen
- 12 Lammstielkoteletts
- Salz, Pfeffer
- 50 ml Olivenöl
- 1 Zweig Rosmarin
- 600 g Tomaten

Zubereitungszeit: 30 Minuten
Garzeit: 30 Minuten

Knoblauch abziehen und hacken. Zitronen heiß abspülen und in Scheiben schneiden. Lammkoteletts abspülen und trocken tupfen. Mit Salz, Pfeffer und Knoblauch bestreuen und in eine ofenfeste Form geben. Olivenöl darüber tröpfeln, Zitronenscheiben auf das Fleisch legen. Rosmarinnadeln abzupfen und darüber streuen. Tomaten mit einem spitzen Messer an der runden Seite kreuzweise einritzen, mit kochendem Wasser überbrühen und ca. 1-2 Min. im Wasser liegen lassen. Abgießen, kalt abspülen und die Haut mit einem Messer abziehen. Tomaten halbieren, zum Fleisch geben und im vorgeheizten Backofen bei 220 °C (Gas Stufe 4-5) ca. 30 Min. backen. Mit geröstetem Ciabatta oder Bauernbrot servieren.

43. Lammgeschnetzeltes mit Zitronenmelisse

FÜR DIE MARINADE:
- 30 g frischer Ingwer
- 1 Knoblauchzehe
- 4 EL Sojasauce
- 4 EL Weißweinessig

- 500 g ausgelöstes Lammfleisch (Hüfte oder Rücken)
- 1 kleiner Spitzkohl
- 1 rote Paprikaschote
- 5 EL Erdnussöl
- 1 Glas Maiskölbchen
- Salz, Pfeffer
- 1/2 Bd. Zitronenmelisse

Marinierzeit: 60 Minuten
Garzeit: 30 Minuten

Für die Marinade Ingwer dünn schälen und fein hacken. Knoblauch abziehen, zerdrücken und dazugeben. Sojasauce und Essig zugeben und alles gut verrühren. Lammfleisch trocken tupfen, in fingerdicke Stücke schneiden und ca. 1 Std. in der Marinade ziehen lassen. Inzwischen den Spitzkohl putzen, vierteln und klein schneiden. Paprikaschote putzen, vierteln und in dünne Streifen schneiden. Das Fleisch aus der Marinade nehmen (Marinade auffangen). 3 EL Öl in einer großen Pfanne (oder in einem Wok) erhitzen und das Fleisch ca. 5 Min. unter Rühren anbraten. Herausnehmen und warm stellen. Restliches Öl in die Pfanne geben und den Kohl unter Rühren 5 Min. braten. Paprikastreifen zugeben und weitere 3 Min. braten. Abgetropften Mais (Flüssigkeit auffangen) zum Gemüse geben. Die Fleischmarinade mit 5 EL von der Maisflüssigkeit verrühren und in die Gemüsepfanne geben und aufkochen lassen. Dann das Fleisch zugeben und alles mit Salz und Pfeffer würzen. Zitronenmelisse abspülen, trocken schütteln, Blättchen in feine Streifen schneiden, untermischen und sofort mit Reis servieren.

44. Mariniertes Lammragout

FÜR DIE MARINADE:
- 2 Knoblauchzehen
- 10 Wacholderbeeren
- 5 frische Salbeiblätter
- 5 EL Olivenöl
- Saft von 1 Zitrone
- 1 EL Weißweinessig
- Salz, Pfeffer
- 1 TL Rosmarin

- 1 kg Lammragout (aus der Schulter)
- 125 ml Weißwein

Marinierzeit: 3 Stunden
Zubereitungszeit: 1,5 Stunden

Für die Marinade die Knoblauchzehen zusammen mit den Wacholderbeeren zerdrücken. Die Salbeiblätter waschen, trocken tupfen und fein hacken. Alles zusammen mit Olivenöl, Zitronensaft, Weinessig, Salz, Pfeffer und Rosmarin zu einer Marinade verrühren. Die Fleischstücke waschen und trocken tupfen. Restliche Knochensplitter entfernen und Fleisch für mind. 3 Std. in die Marinade legen, dabei ab und zu wenden. Anschließend das Fleisch mit der Marinade in eine feuerfeste Form geben. Mit einem Deckel oder Alufolie fest verschließen und im vorgeheizten Backofen bei 180 °C (Gas Stufe 3) ca. 45 Min. schmoren lassen. Dann den Wein angießen und offen so lange garen, bis das Fleisch leicht gebräunt ist. Mit einem frischen Salat und Weißbrot servieren.

45. Gespickte Lammkeule aus dem Ofen

- 1 Lammkeule (1,5-2 kg)
- 2-3 Knoblauchzehen
- Öl für den Bratentopf
- 2 Zwiebeln
- 2 Möhren
- 4 Kartoffeln
- 5 Wacholderbeeren
- 1 Lorbeerblatt
- Salz, Pfeffer

Zubereitungszeit: 30 Minuten
Garzeit: 1,5 Stunden

Die Lammkeule waschen und trocken tupfen. Knoblauch in Stifte schneiden und die Lammkeule damit spicken. (Mit einer Fleischgabel oder einem Küchenmesser gleichmäßig das Fleisch etwas einschneiden und die Knoblauchstifte in die Einschnitte stecken.) Öl in einem großen Bratentopf erhitzen und das Fleisch darin von allen Seiten scharf anbraten. Dann heißes Wasser angießen, bis der Boden gut bedeckt ist. Zwiebeln, Möhren und Kartoffeln schälen, klein schneiden bzw. würfeln und hinzugeben. Mit Wacholderbeeren, Lorbeerblatt, Salz und Pfeffer würzen. Bei 200 °C (Gas Stufe 3-4) auf der mittleren Stufe mind. 1,5 -2 Std. im Backofen schmoren lassen. Ab und zu heißes Wasser nachgießen. Nach Abschluss der Garzeit die Keule in Alufolie wickeln und ca. 10 Min. ruhen lassen. In der Zwischenzeit den Bratenfond durch ein Sieb streichen. Dazu passen grüne Bohnen und Thymiankartoffeln.

46. Lammhaxen im Kräutermantel

- 4 Lammhaxen à 350 g
- Salz, Pfeffer
- 4 Zweige Thymian
- 4 Zweige Rosmarin
- 4 Stängel Oregano
- 3 EL Olivenöl
- 1 Bd. Suppengrün
- 2 Tomaten
- 300 ml trockener Rotwein (ersatzweise Gemüsebrühe)
- ca. 200 ml Lammfond

Vorbereitungszeit: 20 Minuten
Garzeit: 75 Minuten

Lammhaxen abspülen, trocken tupfen und mit Salz und Pfeffer würzen. Kräuter abspülen und je einen Zweig von jedem Kraut mit Küchengarn um die Haxen binden. Öl erhitzen und die Haxen darin rundherum kräftig anbraten. Suppengrün putzen, abspülen und (ohne Selleriegrün) in grobe Stücke schneiden. Tomaten waschen, vierteln, mit dem gewürfelten Suppengrün zu den Haxen geben und ebenfalls anbraten. Rotwein oder Brühe dazugießen und alles im geschlossenen Topf bei kleiner Hitze ca. 75 Min. schmoren lassen. Haxen herausnehmen, Kräuter entfernen. Suppengrün im Wein pürieren und so viel Lammfond aufgießen, dass eine sämige Sauce entsteht. Aufkochen, mit Salz und Pfeffer würzen und extra zu den Haxen servieren.

Dazu schmeckt mit Buttermilch und Parmesan zubereitetes Kartoffelpüree.

47. Lammkeule in Kräutermarinade

- 1 Lammkeule (2 kg ohne Knochen)
- 2 TL getr. Thymian
- 2 TL getr. Rosmarin
- 2 TL getr. Basilikum
- 8 EL Olivenöl
- 4 ungeschälte Knoblauchzehen
- 6 Tomaten
- 250 ml Flüssigkeit (z.B. Weißwein)
- Salz, Pfeffer

Marinierzeit: 4 Stunden
Garzeit: 1,5 Stunden

Kräuter mit der Hälfte des Olivenöls vermischen und auf die Lammkeule streichen. 4 Std. bei Zimmertemperatur stehen lassen; so zieht der Geschmack besser ein. Die andere Hälfte des Olivenöls auf das Ofenblech geben, Lammkeule und ungeschälte Knoblauchzehen darauf legen. Im vorgeheizten Backofen bei 230 °C (Gas Stufe 5-6) ca. 1,5 Std. schmoren lassen. 15 Min. vor Ende der Garzeit Tomaten auf das Blech legen und ca. 250 ml Flüssigkeit (Wasser oder Weißwein) zugießen, um den Bratensatz loszukochen. Die Lammkeule aus dem Ofen nehmen, in Alufolie einwickeln und 10 Min. ruhen lassen. In der Zwischenzeit Tomaten auf eine vorgewärmte Platte legen und den Bratensaft zu der Lammkeule servieren. Dazu schmeckt Weißbrot und ein grüner Salat.

48. Kaninchenkeulen in Apfelsauce

- 2 EL Rosinen
- 3 EL Calvados (oder Apfelsaft)
- 250 g Zwiebeln
- 4-6 Kaninchenkeulen
- Salz, Pfeffer
- Öl für den Bräter
- 1-2 EL Tomatenmark
- 100 ml Weißwein
- 200 ml Geflügelfond
- 2 Äpfel
- 100 ml Schlagsahne
- 1-2 EL dunkler Saucenbinder

Zubereitungszeit: 15 Minuten
Garzeit: 75 Minuten

Rosinen in Calvados einweichen. Zwiebeln pellen und grob würfeln. Kaninchenkeulen salzen und pfeffern. Öl in einem Bräter erhitzen und die Keulen von beiden Seiten kräftig anbraten, dann aus der Pfanne nehmen. Zwiebeln im Bratfett goldbraun braten. Tomatenmark einrühren und 1 Min. anschwitzen. Calvadosrosinen und Wein zugießen. Die Flüssigkeit etwas einkochen lassen, Fond angießen, mit Salz und Pfeffer würzen. Kaninchenkeulen in den Saucenfond geben und ca. 75 Min. auf kleiner Hitze köcheln lassen, dabei ab und zu wenden. Äpfel schälen, entkernen, grob würfeln und ca. 30 Min. vor Ende der Garzeit zu den Keulen geben. Nach Ende der Garzeit Sahne zur Sauce gießen und mit Saucenbinder aufkochen lassen. Vor dem Servieren mit Pfeffer abschmecken. Dazu passen Semmelknödel.

49. Kaninchen mit Wein und Nüssen

- 1 küchenfertiges Kaninchen (in 8-10 Teile zerlegen)
- 4 reife Fleischtomaten
- 70 g durchwachsener Speck
- 3 EL Olivenöl
- 250 ml trockener Weißwein
- Salz, Pfeffer
- 1 Bd. Petersilie
- 1 Zweig Rosmarin
- 1/2 unbehandelte Zitrone
- 1 Knoblauchzehe
- 10 Walnusskerne

Zubereitungszeit: 20 Minuten, Garzeit: 1, 5 Stunden

Die Kaninchenstücke waschen, Knochensplitter und Fettreste sorgfältig entfernen und trocken tupfen. Tomaten überbrühen, häuten und klein würfeln. Speck in feine Würfel schneiden. In einem großen Schmortopf Olivenöl erhitzen, Speck zugeben und auslassen. Die Kaninchenteile darin bei mittlerer Hitze rundherum goldbraun anbraten. Wein angießen und zur Hälfte verkochen lassen, die Fleischstücke dabei mehrmals wenden und mit Salz und Pfeffer würzen. Die Tomatenstücke dazugeben und zugedeckt ca. 1,5 Std. bei schwacher Hitze schmoren lassen. Inzwischen Petersilie und Rosmarin waschen, trocken tupfen und fein hacken. Zitrone heiß waschen und dünn schälen. Knoblauch abziehen und durch die Presse drücken. Walnusskerne klein hacken. Kräuter, Zitrone, Knoblauch und Walnüsse vermischen. Diese Kräutermischung ca. 10 Min. vor Ende der Garzeit unter die Sauce rühren. Kaninchen bei schwacher Hitze gar ziehen lassen und in der Sauce mit Weißbrot und Salat servieren.

50. Rehfilet mit Pfifferlingen

- 1 TL Pimentkörner
- 1 TL Wacholderbeeren
- 1/2 TL getrockneter Rosmarin
- 1/2 TL schwarze Pfefferkörner
- 1/2 TL Salz
- 600 g Rehfilet
- 200 g Pfifferlinge
- 50 g durchwachsener Speck
- 1 EL Butterschmalz
- 125 ml Crème fraîche
- 125 ml Roséwein
- Pfeffer
- 5 EL Cassis (schwarzer Johannisbeerlikör oder ersatzweise Johannisbeersaft)

Zubereitungszeit: 45 Minuten

Pimentkörner, Wacholderbeeren, Rosmarin, Pfefferkörner und Salz in einem Mörser grob zerstoßen und das Rehfilet rundherum damit einreiben. Pfifferlinge putzen, Speck fein würfeln. Butterschmalz in einer Pfanne erhitzen, Speckwürfel bei mittlerer Hitze ausbraten. Dann bei starker Hitze das Filet von allen Seiten scharf anbraten, die Hitze reduzieren und weitere 20 Min. braten. Aus der Pfanne nehmen und warm halten. Crème fraîche und Wein in den Bratensatz gießen und unter Rühren einkochen lassen. Pfifferlinge hinzugeben und kurz mit erhitzen. Sauce vom Herd nehmen, salzen, pfeffern und Cassis (oder Johannisbeersaft) hinzugeben. Rehfilet in dicke Scheiben schneiden und mit der Sauce servieren. Dazu passen Kartoffelgratin und ein gemischter Blattsalat.

51. Rehkeule in Rotwein

- 1 Rehkeule (ca. 2 kg)
- **Für die Marinade:**
- 1 l Rotwein
- 1/2 Bd. Thymian
- 2 Lorbeerblätter
- 5 Wacholderbeeren
- Salz, Pfeffer
- 1 EL Butterschmalz
- 100 g Bacon (Frühstücksspeck)
- 3 EL saure Sahne
- 2 EL dunkler Saucenbinder

Marinierzeit: 2-3 Tage
Zubereitungszeit: 1,5 Stunden

Die Keule abspülen und in einen großen Gefrierbeutel geben. Rotwein, Thymianblättchen, Lorbeerblätter und zerstoßene Wacholderbeeren anrühren und als Marinade mit in den Beutel geben. Den Beutel verschließen und 2-3 Tage kalt stellen. Zwischendurch wenden. Die Rehkeule aus der Marinade nehmen (Marinade aufbewahren), trocken tupfen und mit Salz und Pfeffer einreiben. In einem Bräter im heißen Butterschmalz von allen Seiten anbraten. Bacon auf die Rehkeule legen und ca. 500 ml von der Marinade zugießen. Den Bräter abdecken, in den auf 200 °C (Gas Stufe 3-4) vorgeheizten Backofen schieben und ca. 75 Min. braten. Zwischendurch mit Bratensaft begießen. (Wenn die Bratenflüssigkeit schon sehr eingekocht ist, restliche Marinade zugeben.) Herd ausschalten und die Rehkeule vor dem Servieren noch 15 Min. ruhen lassen. Dazu schmecken Möhrengemüse und Butterkartoffeln.

52. Hirschsteaks in Orangensauce

- 4 Hirschsteaks
- (à 200 g)
- 6 EL Cognac
- 2 EL Butterschmalz
- 2 Orangen
- 2 EL Butter
- Salz, Pfeffer
- 150 ml Crème fraîche

Marinierzeit: 60 Minuten
Zubereitungszeit: 20 Minuten

Die Steaks mit 4 EL Cognac beträufeln und im Kühlschrank ca. 1 Std. marinieren lassen. Anschließend Butterschmalz in einer Pfanne erhitzen und die Steaks von jeder Seite ca. 3-4 Min. (je nach Dicke der Scheiben) anbraten. Die Steaks aus der Pfanne nehmen und im Backofen bei ca. 180 °C (Gas Stufe 2-3) warm stellen. Orangen in Scheiben schneiden, mit der Butter in den Bratensatz geben und zugedeckt ca. 4-5 Min. dünsten. Die Scheiben aus der Pfanne nehmen und zu den Steaks in den Backofen legen. Den Bratensatz in der Pfanne mit dem Rest des Cognacs ablöschen und auf großer Flamme einkochen lassen. Die Steaks mit Salz und Pfeffer würzen und vor dem Servieren mit der Sauce übergießen.

53. Hirschgulasch mit Pilzen

- 750 g Hirschgulasch
- 150 g durchwachsener Speck
- Öl für den Topf
- 1 Zwiebel
- 750 ml Brühe
- 200 g Pfifferlinge (oder andere Pilze)
- 1 EL Butterschmalz
- 1 kleine Dose Mais (Einwaage 340 g)
- 1 Bd. Majoran
- 2 EL dunkler Saucenbinder
- Salz, Pfeffer
- 2 EL Schmand
- evtl. 2 EL Calvados (Apfelbranntwein)

Zubereitungszeit: 30 Minuten
Garzeit: 60 Minuten

Das Fleisch abspülen und trocken tupfen. Speck würfeln und bei kleiner Hitze ausbraten. Speckwürfel aus der Pfanne nehmen und beiseite stellen. Das Hirschgulasch im heißen Öl portionsweise braun anbraten. Zwiebel schälen, klein schneiden und kurz anbraten. Heiße Brühe zugeben und das Gulasch mind. 60 Min. schmoren lassen. Inzwischen Pilze putzen und im heißen Butterschmalz braun andünsten. Speckwürfel, Pilze, Mais mit Flüssigkeit und die Hälfte der Majoranblättchen zum Gulasch geben und aufkochen lassen. Mit Saucenbinder binden und mit Salz und Pfeffer abschmecken. Schmand und evtl. Calvados einrühren und mit den restlichen Majoranblättchen bestreuen. Dazu schmecken Nudeln.

54. Wildschweinkoteletts

- 1 Möhre
- 1 Zwiebel
- 1/2 Bd. Petersilie
- 1/2 Bd. Thymian
- 500 ml Rotwein
- 1 Lorbeerblatt
- 1 Salbeiblatt
- 4 Wildschweinkoteletts (à 200 g)
- 150 g Butter
- 3 EL Semmelbrösel
- 1 EL Mehl
- 1 EL Cognac
- 1 Knoblauchzehe
- 1 Spritzer Essig
- Salz

Zubereitungszeit: 50 Minuten

Möhre putzen und in Scheibchen schneiden, Zwiebel schälen und würfeln. Petersilie und Thymian waschen und klein hacken. Rotwein in einem Topf erhitzen, Lorbeerblatt, Petersilie, Thymian, Salbei, Möhre und Zwiebel dazugeben, und alles ca. 20 Min. bei geringer Hitze köcheln lassen. Dann pürieren. Währenddessen Koteletts waschen und trocken tupfen. Etwa 40 g Butter in einer Pfanne zerlassen, Koteletts darin pro Seite ca. 5 Min. stark braten. Hitze reduzieren und Koteletts bei geschlossenem Deckel nochmals pro Seite 5 Min. fertig garen und warm stellen. Semmelbrösel in 40 g Butter goldbraun rösten und beiseite stellen. Restliche Butter in der Pfanne zerlassen, Mehl dazugeben und unter Umrühren leicht anbräunen lassen. Nach und nach den Gemüse-Weinsud dazugießen, Cognac hinzufügen und geschälten Knoblauch dazupressen. Zum Schluss Semmelbrösel und Essig in die Sauce geben und salzen. Koteletts auf einer vorgewärmten Platte anrichten und mit der Sauce servieren. Dazu schmecken Baguette oder Nudeln.

55. Wildschweinkeule

FÜR DIE MARINADE:
- 1 Bd. Suppengrün
- 5 Wacholderbeeren
- 2 Nelken
- 2 Lorbeerblätter
- 1 EL Rosmarinnadeln
- 1/2 Bd. Thymian
- 700 ml Rotwein
- 100 ml Öl
- Balsamicoessig nach Geschmack

- 2 kg Wildschweinkeule (ohne Knochen, Schweinebraten eignet sich auch)
- 50 g durchwachsener Speck
- 2 Knoblauchzehen
- 1 Zweig Rosmarin
- Salz, Pfeffer
- 1 EL Butterschmalz

Marinierzeit: 12 Stunden
Zubereitungszeit: 2,5 Stunden

Für die Marinade Suppengrün abspülen, putzen, würfeln und zusammen mit den restlichen Zutaten zu einer Marinade verrühren und mit einigen Spritzern Balsamicoessig abschmecken. Das Fleisch waschen, trocken tupfen, in die Marinade legen und über Nacht im Kühlschrank durchziehen lassen. Speck würfeln, Knoblauch fein schneiden, Rosmarinnadeln fein hacken und alles zusammengeben. Mit Salz und Pfeffer würzen. Die Keule aus der Marinade nehmen (Marinade aufbewahren), trocken tupfen und mit der Speck-Gewürzmischung einreiben. Das Fleisch in einem Bräter im heißen Butterschmalz ringsherum anbraten. Die Marinade mit dem Suppengrün zugeben und aufkochen lassen. Die Keule jetzt bei geschlossenem Deckel im vorgeheizten Backofen bei 180 °C (Gas Stufe 2-3) ca. 1,5 Std. schmoren lassen. Deckel abnehmen und ca. 30 Min. weiter schmoren. Den Bratensud nach Geschmack mit Salz und Pfeffer abschmecken.

Kleines Format, große Rezepte: *Al dente mini*

3-8218-4821-9

3-8218-3753-5

3-8218-4853-7

3-8218-4827-8

3-8218-4850-2

3-8218-4851-0

Jeder Band
broschiert · 64 Seiten
€ 2,99 (D) · sFr 5,90

 Eichborn.
Kaiserstraße 66
60329 Frankfurt
Telefon: 069 / 25 60 03-0
Fax: 069 / 25 60 03-30
www.eichborn.de

Wir schicken Ihnen gern ein Verlagsverzeichnis.